U0040072

Smile, please

smile 197

【跟一行禪師過日常】怎麼微笑

作者：一行禪師（Thich Nhat Hanh）
譯者：張怡沁
責任編輯：潘乃慧
封面設計、繪圖：王春子
校對：呂佳真
出版者：大塊文化出版股份有限公司
台北市105022南京東路四段25號11樓
www.locuspublishing.com
讀者服務專線：0800-006689
TEL：(02)87123898　FAX：(02)87123897
郵撥帳號：18955675　戶名：大塊文化出版股份有限公司
法律顧問：董安丹律師、顧慕堯律師
版權所有　翻印必究

Copyright © 2023 by Plum Village Community of Engaged Buddhism, Inc.
No part of this book may be reproduced by any means, electronic or mechanical, or by any information storage and retrieval system, without permission in writing from Plum Village Community of Engaged Buddhism, formerly known as the Unified Buddhist Church, Inc.
Complex Chinese Translation copyright © 2024 by Locus Publishing Company arranged with Cecile B Literary Agency, through Bardon Chinese Media Agency
ALL RIGHTS RESERVED

總經銷：大和書報圖書股份有限公司
地址：新北市新莊區五工五路2號
TEL：(02) 89902588　FAX：(02) 22901658
初版一刷：2024年4月
初版四刷：2024年8月

定價：新台幣180元
Printed in Taiwan

一行禪師
Thich Nhat Hanh

怎麼微笑

How to Smile

張怡沁　譯

目次

我們內在有一盞燈，

一盞正念的燈，

我們隨時都能點亮。

這盞燈的燈油，

來自我們的呼吸、行走，以及平和的微笑。

微笑筆記

我們在每天的生活中，

若能保持微笑，

並且保持平和與快樂，

不單是自己，

連每個人都能獲益。

這是最基礎的和平工程。

微笑能放鬆臉部數以百計的肌肉，

也能放鬆神經系統。

微笑讓你成為自己的主人。

我們練習的精髓，可說是化苦為樂的過程。

基本方法就是保持正念，

連結當下清新美麗的事物。

人生就是充斥著苦，

但同樣充滿了奇蹟，

像是藍天、陽光、嬰兒的雙眸。

受苦只是一部分，

我們還要連結生命的奇蹟。

這奇蹟在我們之內，

也隨時隨地環繞著我們。

認得與接受

若我們能識得苦、接受苦，而非逃離苦；就
會發現，苦儘管存在，喜悅也同時存在。

拿回主權

不論行禪、坐禪,還是在廚房與庭院工作,我們一整天都可以練習微笑。剛開始可能不容易笑出來,那麼你得想想為什麼。

日常俗事帶著我們團團轉,丟失了自己。微笑能幫我們拿回主權,重獲生而為人的自由。微笑代表我們成為自己,而非淹沒在失念之中。

樂與苦的藝術

能享受快樂，不代表完全沒有痛苦。快樂的
藝術其實也是如實受苦的藝術。當我們學著
認識、擁抱並瞭解自己的苦，這份苦就減輕
許多。我們可以從受苦中學習，將苦轉化為
理解、慈悲，以及送給自己、也送給他人的
喜悅。

苦是堆肥

人應該有處理苦與樂的能耐。苦樂是有機
的、轉瞬即逝，不停地改變。一朵花在凋謝
之時，化為堆肥。我們的苦正如堆肥，足以
滋養快樂的花朵再次綻放。我們要學習處理
苦，正如有機菜園的園丁處理堆肥那樣。

練習微笑

臉部有好幾百條肌肉，每次我們吸氣與呼氣、微笑，壓力解除了，自然也放鬆了。你可能會問，心裡沒有喜樂，怎麼笑得出來？你不需要感受喜悅才微笑；練習這種嘴部的瑜伽，馬上就能感到放鬆。有時，微笑是出自喜悅，有時是微笑帶來喜悅。何必區分呢？不論在何處，練習吸氣與呼氣，沒多久就能安定自己，露出真誠的微笑。當我們修習和平、能夠露出笑容，這份和平就能影響整個宇宙。

山中松樹

有些松樹長在山坡貧瘠的土壤中，土裡的養分稀少，很難讓種子發芽生長。但正因為如此艱難，松樹得以深植土裡，枝幹強壯，風也吹不倒。如果松樹生長在順境中，就不會把根扎得那麼深，穩穩地長在土裡；當強風吹來，樹就倒了。有時，障礙與逆境確實能幫助我們成功。

如花般盛開

當我們注意到憤怒、恐懼或躁動在心中升起，不需要完全拋開，只要帶著覺察吸氣和呼氣，用正念擁抱情緒。光是這樣，就足以平息風暴。正念彷彿早晨的陽光，照在前夜閉合的花朵上。透過陽光的擁抱、滲入，花兒逐漸開放。這毫不費力，也不必等到風暴出現才開始練習。沒有受苦的時候，有意識的呼吸會帶來喜悅，這是準備迎向困境的最佳方法。

防止第二支箭

如果有支箭射向你，你會感覺到痛。若是第二支箭刺向同一個部位，這個疼痛會擴大數倍。生活中令人不快的事物是第一支箭，帶來些許疼痛；第二支箭是我們的反應，會放大受苦的經驗。只要與真正的苦同在當下，就能防止第二支箭射出。這讓我們看到，還有事情值得感恩，還有許多事物運作如常。即便一切並非完美，也可以立即感到快樂。

我們可以選擇頻道

有個朋友問我:「心裡充滿哀傷時,要怎麼強迫自己微笑?這一點也不自然。」我告訴她,必須有辦法對自己的哀傷微笑,因為我們能夠超越自己的哀傷。人就像是電視機,有幾百萬個頻道。若是打開覺察的頻道,我們就是覺察;若是打開悲傷,我們就是悲傷;若是打開微笑,我們就真的是微笑。我們內在有各式各樣的種子,不要被單一一個頻道主宰了。

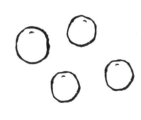

覺醒的種子

孩子能看到每個人都有覺醒、理解和愛的能力。覺醒,意指覺察到身體、感受、感知和周遭環境發生了什麼事。我們天生的覺醒能力,就是理解與愛的能力。既然覺醒的種子就在我們內在,應該給它一個機會。微笑很重要。無法微笑,世界和平就不會來臨。達到和平的方式不只是站出去示威;微笑、呼吸、保持平和的能力,才是和平的契機。

佛陀的微笑

從前，我仍是個年輕沙彌時，不明白世界為何充滿了苦，而佛陀依舊帶著如此美麗的微笑。為什麼佛陀不因這一切苦而感到不安？後來我明白，佛陀具備足夠的理解、平靜和力量，於是苦不會壓垮他。他知道如何處理苦、轉化苦，於是面對苦也能帶著微笑。我們要意識到苦，卻也要保持清醒、冷靜和力量，如此才有助於改變局勢。懷抱慈悲，就不會被淚水之海給淹沒。這是佛陀可以微笑的緣故。

禪修就是覺知

禪修是為了覺察正在發生的一切，包括我們的身體、感受、心念和周遭的環境。每天都有成千上萬的兒童死於飢餓；不論植物和動物都有物種滅絕；核武大國擁有的武力，足以多次摧毀我們。然而日出很美，今晨沿著牆面綻放的玫瑰真是奇蹟。生活既可怕又美好。練習禪修就是要接觸這兩個面向。別以為禪修就必須保持嚴肅。其實，禪修要修得好，得常常微笑。

平靜思緒

當我們練習覺知呼吸，思考會放慢，讓自己真正的休息。大多數時候，我們想得過多。正念呼吸可以幫助我們保持安靜、放鬆、平和，不再因為憂傷過去與擔憂未來而苦惱。正念呼吸幫助我們腳踏實地地生活，並意識到我們擁有的幸福條件比自己以為的更多。

接觸平靜

平靜地坐下，覺知呼吸、微笑，我們就回到真正的自己，擁有對自己的主權。練習禪修就是保持覺知、微笑、呼吸。開始禪修的喜悅，宛如離開繁忙的城市，前往鄉下，在樹下坐著。我們感到自己充滿平靜和喜悅。終於解脫了！我們可以採取坐禪的方式，這樣最穩定。此外，也可以在走路、躺著、站立或做事時，持續禪修。禪修不用那麼正式。

禪修之樂

每次的坐禪或行禪，都可以透過覺察呼吸、平靜並放鬆身體，觸碰當下此刻帶來歡樂和幸福的條件；這樣的喜悅能滋養我們。禪修幫助我們恢復身體的平靜、穩固與和諧，於是我們可以少受點苦，在靈性的道路上更加精進。禪修的喜悅和幸福支持我們走在修行之路上，賦予我們力量，深入審視艱難的情緒與外緣。

微微一笑

唇上的一抹微笑，能滋養覺察，奇蹟般地安撫我們，帶來我們以為錯失的寧靜。微笑會帶給我們幸福，也帶給周遭人幸福。就算花大把的鈔票給家裡每個人買禮物，我們買的任何東西都比不上我們的覺察、微笑帶給家人的快樂，而且這份珍貴的禮物不需要任何代價。

當我看到某人微笑，我立即知道他正處於覺察之中。多少藝術家費盡心力，才將微微一笑的笑容，呈現在無數雕像和畫作主角的唇邊？我相信雕塑家和畫家在工作時，臉上一定也帶著同樣的微笑。你能想像一個憤怒

的雕塑家捕捉這樣的微笑嗎？蒙娜麗莎的
微笑若隱若現，展露淡淡笑意。然而，即便
是這樣的微笑，也足以放鬆我們臉上所有的
肌肉，消除所有的憂慮和疲勞。

苦瓜

越南有一種蔬菜，名叫苦瓜。華語的「苦」，除了表示苦味，也有受苦之意。如果你不習慣吃苦瓜，可能會受苦。但根據傳統醫學，苦味有益健康。有人稱之為「涼瓜」，因為吃苦瓜讓人感覺清新涼爽，而且味美回甘，即使嘗起來是苦味。

受苦是苦澀的，我們的天性都想逃避苦。我們的藏識或阿賴耶識，會設下一套行為架構，幫我們逃避苦、追求快樂。這妨礙我們體會苦的好處，及苦帶來的療癒效果。但我們的意識明白，苦能教給我們一些東西，我們不該害怕苦。準備承受一些苦，才能夠學

習、成長和療癒。我們必須運用智慧，利用靜慮來獲得洞察，轉化苦並且開悟，成為自由的人。

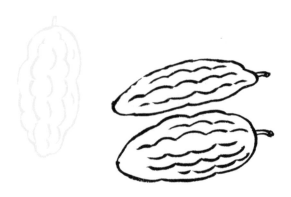

處理不快的感受

我們的感受會大幅影響我們的感知、思考和行動。在內心深處,埋藏了痛苦的感受。我們害怕這些苦受會在意識中浮現,讓我們感到痛苦。練習呼吸和微笑,我們可以接觸到自己的感受並接受它們。若能以關心、關懷和非暴力的方式面對苦受,並以正念觀察,那麼苦受可以帶給我們許多啟發,讓我們對自己和社會產生洞察和理解。

擁抱並平息某種苦受,是為了所有的祖先和子孫後代。我們的苦不僅展現在個人身上,也是來自許多世代與社會的集體示現。責任不只是由我們背負。

照拂憤怒

憤怒不是敵人。正念和憤怒都是我們自己。修行是以洞察非二元性為基礎。正念不是為了壓抑或對抗憤怒,而是要認識並照拂憤怒,就像大哥哥、大姊姊扶助年幼的弟妹。憤怒的能量會得到正念能量的認知與溫柔擁抱。每當我們需要正念的能量,只要藉由正念呼吸、正念行走與微笑,來觸動那顆種子,我們就有能力去覺知、擁抱、深觀和轉化。正念的種子內有靜定的種子。有了這兩種能量,我們就能從煩惱中解脫。

屋子失火

如果你的房子著火，當務之急就是趕回去撲滅大火，而不是去追捕你心中的縱火犯。如果你去追趕放火燒房子的嫌犯，人沒追到，房子已經燒掉了。明智的作法是回去滅火。當你生氣時，如果繼續與對方互動或爭吵，或是想辦法制裁他們，這種行為就像火焰吞噬一切時，仍一逕追趕縱火犯的人。

我們貢獻在哪裡？

痛苦或許難以避免。但我們是否受苦，取決於自己。生、老、病都是自然法則。選擇接受它們本是人生的一部分，也許就不會因此受苦。即便痛苦或疾病始終存在，你也可以選擇不受苦。你如果看待生活及個人的狀態，會決定看到的結果。如果我們深入審視自己的苦，可以問問自己是如何助長苦的萌生。這並不表示苦不是真實的，而是我們可以減輕而非加重苦，甚至能轉化苦。

澆灌善的種子

處理苦的方法之一，是邀請性質與之相反的正面種子，讓它生長。例如，如果傲慢的種子萌生，你可以正念修習慈悲觀。每天這樣練習，內心的慈悲種子就會強大起來，成為一股豐沛的能量。我們可以選擇好的種子，悉心澆灌，避免澆灌壞的種子。這不是要忽視我們的苦，而是關注並滋養本性具足的正面種子。如果我們的人際關係出現困難，要練習澆灌自己以及所愛之人內在的花朵，這樣就能順利修復溝通管道，重拾過去擁有的幸福。

接觸地球母親

接觸大地、讓手指感受土壤、蒔花種草，是
修復精力的美好活動。如果你住在市區，可
能沒什麼機會鋤地、種植蔬菜或照顧花卉。
但你仍然可以找到一方草皮或土地，好好欣
賞、照顧它。與地球母親保持連結，是維持
心理健康的好方法。

　　覺知到地球的慷慨和支持，看到我們與地
球的深厚聯繫，會生出一種愉悅的感受。知
道如何創造快樂和幸福的時刻，是療癒自己
的關鍵。重要的是，能夠看到周遭的生命奇
蹟，認識到幸福的條件已然存在。

捨受

捨受是既不苦也不樂的感受。藉由正念,所謂的捨受可以化為樂受或苦受;這取決於我們的處理方式。比方說,牙痛的時候,我們心想,要是牙不痛就好了。然而,牙齒不痛時,我們還是不快樂。沒有牙痛是一件非常愉快的事,但如果我們沒有察覺這個牙齒不痛的狀態,這就是捨受。練習正念並意識到自己沒有牙痛,捨受就變成正向的感覺,成了一種完滿的幸福感。

將捨受化為樂受

「捨受」一詞似乎不夠精準，因為在充分的覺知下，捨受可以是一種比他種樂受更健康持久的愉悅感受。吃到美味的東西或聽到別人讚美自己，往往會生出愉悅之感；勃然大怒或牙痛算是一種苦受。這些感覺會支配我們，於是我們像是被風吹的雲朵一般，不由自主。

若能明白捨受的來處，我們對平靜和喜悅的感受就會更加穩定持久。幸福的本質是身體不覺得疼痛，心靈不受焦慮、恐懼或仇恨所壓迫。禪坐時，我們能達到穩定的喜悅感，體會到身體的寧靜與心智的清明。我們

不再被生活的高潮和低潮所左右，於是能享

受自在與自足。

那些沒有出問題的事物

我們必須修習接觸內在和周圍沒有出問題的事物。當我們接觸到自己的眼睛、心臟、肝臟、呼吸，以及沒有牙痛這件事，並真正享受這些狀態，就會看到平靜與幸福的條件早已存在。當我們用心行走，腳底板觸碰到大地，當我們與朋友喝茶並感受到茶與我們的友誼時，就得到療癒，也能將這份療癒帶給社會。

平靜而安全地坐著

有了正念，我們就會意識到周遭正在發生的
苦。很多人無法像我們一樣平靜、安全地坐
著； 炸彈或火箭隨時可能落到他們身上。
他們渴望和平，停止殺戮，卻無法如願。許
多人得以坐在非常安全的處所，生活中從來
不存在這類痛苦的遭遇，但我們似乎不懂得
感恩。正念幫助我們意識到周遭發生的事
情，讓我們瞬間明白，如何珍惜此時此地所
擁有的平靜和幸福的條件。

入世佛教

在越南時，我們的村莊遭到轟炸。我必須和師兄師弟一起決定該怎麼辦。我們該繼續待在寺院修行，還是走出禪堂，去幫助那些遭受轟炸、深陷苦海的人們？深思熟慮後，我們決定兼顧兩者──入世幫助他人，同時在行動中保持正念。我們稱之為入世佛教。正念必須入世。既然看到了，就必須行動。不然光是看有什麼用？有了正念，助人時就知道什麼該做、什麼不該做。如果覺知呼吸，持續練習微笑，即使狀況十分艱困，還是有很多人、動植物能從我們的作為得到益處。

認知

許多人想要擺脫痛苦的感受，但不想放下痛苦感受根源的信念與觀點。當我們認知到某種苦受、與之融合、安撫它並釋放它，就可以深入探討，這份苦的原因可能是基於錯誤的認知。瞭解到自己感受的原因和本質，感受就會開始轉化。若我們誤解某人或某物，很可能會生出憤怒、失望或煩惱。我們要記住，自己多數的看法都是錯的。練習全然的覺察，就是深觀，超越錯誤的認識，看到一切事物的真實本質。

避免錯誤認知

思考是一切的基礎。把這份覺察帶入每個思緒，對我們來說非常重要。如果沒有正確理解某個人或某個情況，我們的想法可能會誤導他人，引發疑惑、絕望、憤怒或恨意。我們最重要的任務是培養正確的洞察力。如果深入瞭解相即的本質，看到一切事物都是「相即」，就能停止指責、爭論、殺戮，也能跟每個人成為朋友。

相即

我們的焦慮和困難，來自於我們沒看到一切現象的真實本質。我們看到它們的外表，卻往往無法認識到它們無常和相即的本質。所有的事物穿透彼此，都是由其他事物所構成。宇宙的一切**都是**相互連結，相互依存。任何現象都不可能單獨存在。所有的一切必須與其他事物相即。所有現象的本質都是相互依存的。

你確定嗎？

「存在」的真正意義是相即。你不可能單獨存在；你必須和所有人、所有事物相即相入。這個道理適用於萬物：花朵、桌子、河流。只有深觀，才能觸及這樣的洞察。碰觸到非我這個真理，你就自由了。但如果你放任自我的幻象掌控自己，就會一直受苦。

從科學角度來看，自我、實體的概念，就是幻象。比方說，你說我是越南人，但你確定嗎？我沒有越南護照，也沒有身分證，法律上我並非越南人。看看我的著作、我這個人、我的教導，你會看到幾種文化的影響，有法國、中國、印度，甚至美洲原住民；沒

有所謂的越南文化。從種族來說，沒有越南這個種族；在我身上，可以看到美拉尼西亞、印尼、蒙古及其他非越南的元素。我們每個人都帶著許多其他文化與種族的元素。我們並非「純粹的種族」。瞭解這一點，你就自由了。宇宙的一切集合起來，幫助你顯現。在你之內，就能看到整個宇宙。

每時每刻的正念

有些時刻，我們能看到萬事萬物間相即與非我的本質。但也有些時候，我們忘了這個本質，落入自己想像建構的世界。持續練習很重要，才能讓開悟之花在我們心中永遠綻放。正念可以轉化我們所有的思考與情緒；每個心念狀態都會受到正念能量的影響。

無常

雖然我們的腦子明白萬事萬物皆無常，但日常生活中，我們總以為一切永恆不變。無常不只是概念，也是幫助我們接觸真實的練習。我們可以一整天滋養對無常的洞察；所有現象都揭示了無常的本質。我們應該學習去覺察無常。如果我們的健康狀況不錯，同時也能覺察無常，就會更仔細地照顧自己。當我們理解心愛的人也是無常的，就會加倍珍惜自己所愛。用正念體驗無常，更能夠活在當下，也更有愛。無常教導我們尊敬並看重每時每刻，以及外在與內在的珍貴事物。

非我

正如陽光催生花朵綻放，我們知道萬事萬物，例如土地與雨水等事物，包括我們自己，都是由非我的元素所組成。幸虧有這一層了悟，我們洞察到樂與苦並非獨立的事物。我們看到萬物相互連結的本質；我們都具備無分別心的智慧，依此生活，萬事萬物都屬於同樣的生命之流。

蒲公英讓你微笑

微笑帶給我們快樂，也讓周遭的人快樂。即便我們花大筆金錢買禮物給家裡的每個人，這些禮物都比不上我們的覺知和微笑帶給他們的快樂。這份珍貴的禮物不花一毛錢。在加州舉辦的一場禪修營結束時，有位朋友寫下這首詩：

我失去了微笑，
但不用擔心，
蒲公英有我的微笑。

如果你失去了笑容，但依然看到蒲公英對你微笑，那麼情況不算太糟。你仍有足夠的

正念，看到微笑的存在。你只需要覺察呼吸一、兩次，就能恢復笑容。蒲公英是你的朋友之一，它就在那裡，非常忠實，為你保持微笑。其實，你身邊的一切都在為你保留笑容。你不需要感到孤立，只要接受周圍和內在的支持，敞開心扉。如同禪修營的那位朋友看到蒲公英保留她的微笑，你可以帶著意識呼吸，自然會重綻笑靨。

我們彼此都互相連結

只要對生命本質的相互依存保持覺察，就會明白，開發中國家的生存，不可能自外於科技先進的富裕國家的存續。貧窮與壓迫帶來戰爭，而我們所處的時代，每場戰爭都牽涉到所有國家。每個國家的命運，都與所有的國家相互連結。終結危機的唯一方法，就是讓每個人認知到所有人都是兄弟姊妹。我們都是人類，而我們的生命是一體的。

從苦中學習

當你深入觀察苦，可能會發現許多事。你可以探索苦的根源，看看是什麼樣的慣性消費和攝取餵養著苦。你攝取的營養有四種：可吃的食物（摶食）、感官印象（觸食，透過感官得到的景象、聲音等）、你最深層的意願（思食），還有你的心識（識食）。你可能會發現，苦不單是個別的呈現，而是集體意識的顯現，其中承載著你的父母、祖先、同胞，還有你的國家和世界的苦。也許你的父母或祖先明白如何處理苦並轉化苦，於是他們把苦傳給了你。如果我們聽得夠深入，就能理解，並且少受點苦。

我們的世界

許多人都擔心世界局勢。身為個人，我們感到無助、絕望。在世界不穩定的情況下，如果驚惶失措，事情只會更糟。我們需要保持冷靜、看得清晰。禪修是保持覺知，並試圖伸出援手。許多人在越戰後離開越南，乘著擁擠的小船渡過暹羅灣，過程中常遭遇風暴或波濤洶湧的大海。船上的人或許因此恐慌，使得船更可能沉沒。但如果船上有人保持清醒和冷靜，知道該做什麼、不該做什麼，那麼這個人就可以幫助這艘船安度風浪。這樣的人，聲音和肢體語言清晰而平靜；人們願意信任他們，傾聽他們說的話。

只要一個這樣的人，就可以拯救許多性命。我們的世界就像一艘小船。與宇宙相比，我們的星球是一艘非常小的船。我們可能會感到恐慌，因為我們的處境並不比大海中的小船安全。人類已經成為非常危險的物種。我們需要能夠靜坐、微笑、平靜行走的人們，來拯救我們。在我的修行傳統中，我們說——我們就是那個人，我們每個人都是那個清醒和平靜的人。

最重要的是什麼？

正念的種子就在每個人的心中，但我們常忘了澆水。我們以為幸福只能在日後到來——等我們有了房子、汽車或學位。我們的身心為此糾結，結果沒能觸碰當下存在於藍天、綠葉，以及親人眼中的平靜與喜悅。最重要的是什麼？很多人都通過了考試，買了房子和車子，但他們依舊不開心。最重要的是找到和平，分享給他人。要得到和平，可以從平靜地行走著手。一切從你的腳下開始。

行禪

行禪就是覺察，享受走路。我們行走不是為
了抵達，就只是行走而已 —— 活在當下此
刻，意識到我們的呼吸、行走的動作，享受
跨出的每一步。每當我必須從某地前往另一
地，即使只有一公尺半到兩公尺的距離，我
都會修習行禪。我沒有別的行走方式 —— 只
有正念行走。這對我很有幫助。它帶給我轉
變、療癒和快樂。

在地球上行走

阿波羅號的太空人能遠遠地拍攝地球，把照片發送給我們。這是我們第一次看到整個地球，一座極為美麗的生命堡壘。藉由正念步行，我們有機會與地球深度交流，體認到地球是我們的家園。在地球上體驗行走，真是美好。地球母親帶給我們生命，提供完善的條件，滿足我們的生存需求。她孕育出人類得以顯現並繁榮的環境。她創造了大氣層保護我們，於是我們能夠呼吸空氣，有豐盛的食物可以享用，也有清澈的水可以飲用。她不斷滋養、保護我們。地球是我們的母親，也是眾生的母親。

佛陀的足跡

一九六八年，我第一次去印度，想要造訪佛陀開悟的地點菩提伽耶，於是搭機從新德里前往巴特那。準備降落時，我有十五分鐘的時間靜靜欣賞地面風景。我第一次看到傳說中的恆河，往下看還看到了佛陀的腳印，這裡一點、那裡一點。我非常感動。佛陀喜歡走路，他花了很多時間沿河散步，造訪河流沿岸的國度。我觀想佛陀行走的模樣，如此尊貴、自由、平安、喜樂。他就這樣走了四十五年，將智慧與慈悲散播到許多地方，與眾人分享他的解脫修行，從社會上最有權勢的人到遭受拒斥的人。沒有汽車、火車，

也沒有飛機。他帶著朋友與弟子，造訪了印度與尼泊爾境內十五個左右的古王國，去認識人，給予教導，幫助他們修行。我往下看的同時，發願要修習行禪，將佛陀的足跡帶到世界的其他角落。自此之後，我去到世界各地，和許多人分享行禪的修習。我遇到的朋友不論出家眾還是在家眾，他們身處五大洲，都是如此行禪。如今，佛陀的足跡現在遍及各地。

正念的步伐

不論身在何處，都可以享受正念行走，而且
每次邁出正念的一步，都可以放下失念，回
到生命本身，接觸生命的奇妙，幫助自己療
癒並且轉化。以正念為父母或祖父母行走也
非常好，因為他們可能還未聽過這個練習。
你的祖先或許一輩子都沒有機會踏出平靜、
幸福的步伐。我們修習是為了世世代代的祖
先和子孫。

和家人朋友一起吃飯

能和家人、朋友坐在一起，享受美味的食物，是很珍貴的事，不是每個人都有這樣的機會。與他人同桌進食，可以好好地呼吸，給予真誠友善的會心微笑。如果一起吃飯的人不能對彼此微笑，一定是什麼地方出了問題。看著食物，感受它是如何產生，同時揭示你與地球的連結。每一口食物都蘊藏著太陽與地球的活力。在一片麵包中，你可以看到且品嘗到整個宇宙。

正念飲食

世界上許多人都在挨餓。當我拿著一碗飯或一片麵包，我知道自己很幸運。我悲憫那些沒有東西吃、沒有朋友也沒有家人的人們。這是非常深刻的修習。看著盤子，我們眼中出現的是地球母親、農人，以及飢餓和營養不良帶來的悲劇。正念飲食可以培育慈悲和理解的種子，啟發我們做點什麼，幫助飢餓和孤獨的人們得到滋養。

聆聽我們受傷的孩子

每個人的心裡都住著一個幼小、受苦的孩子。小時候，我們都經歷過困難，許多人也有過創傷。為了避免受到更深的苦痛，我們試著忘記那些受苦的時刻。但受傷的內在小孩始終存在，呼求著我們的照拂。我們必須回去溫柔地擁抱並傾聽內在的小孩。我們可以用愛的語言告訴那個孩子：「親愛的，我知道你受苦了。我一直忽略你。對不起。我不會再丟下你一個人了。」如果你回到受傷的孩子身邊，每天花五到十分鐘仔細聆聽，就能逐漸痊癒。當你在散步、欣賞日落或爬上美麗的山峰時，邀請內在的小孩與你共

享。當你獨自坐著，可以對受傷的小孩說：「親愛的，我知道你受傷很重，但現在我們長大了。牽著我的手，讓我們走出過去，走進當下。」我們的僧團可以提供協助。我們可以互相幫助，從過去或未來的牢籠中解脫。儘管我有父母的愛和關懷，我還是一直做這項練習，從中得到很大的幫助。

恢復溝通

我們的祖先可能不明白如何照顧內心的受傷小孩，於是把他們的受傷小孩傳給了我們。我們的修習是要結束這個循環。我們身邊的人、家人和朋友，內在都可能有個嚴重受傷的小孩。如果我們曾經試圖幫助自己，那麼也可以幫助他人。療癒自己之後，與他人的關係就會變得更加容易。我們內心有了更多的平靜與愛，就可以接受他人愛我們。以前，我們面對一切、面對每個人，可能都心懷疑慮。慈悲心幫助我們與他人建立連結，恢復溝通。

情緒風暴

很多年輕人都難以處理強烈的情緒，因此遭受很大的痛苦。有些人自殺，是因為他們沒有辦法處理強烈的情緒，於是選擇自殺。情緒就像是一場風暴；風暴來了，駐留一段時間就會遠離。我們不該因為情緒而結束生命。父母可以教導孩子如何處理自己的情緒，安然渡過難關。強烈的情緒產生時，我們就像暴風雨中的一棵樹。要避免在自己的腦子裡盤旋，像被困在高高的枝頭，遭強風吹得東倒西歪，甚至折斷。將意識帶到腹部，來到樹幹，穩定扎根。保持靜止，不要被思想和情感左右。練習深呼吸，吸氣到腹

部。這並不難，青少年和兒童都學得會。我們不該等到風雨來臨才開始練習。如果您每天和孩子一起練習五到十分鐘，兩到三週後，腹式呼吸的練習會成為習慣。當情緒快要滿出來時，年輕人就會知道該做些什麼。他們會明白自己可以超越情緒。

孩子需要我們的理解

當我們深入觀察自己的孩子，會看到他們之所以成為他們的所有因素。他們變成現在的模樣，是來自我們的文化、經濟、社會，也因為我們自己的模樣。當事情出錯了，我們不能光是責怪孩子；許多原因和條件造成了這樣的結果。如果父母在日常生活中修習正念和慈悲，孩子自然會向他們學習。藉由深入傾聽並使用愛的言語，您可以澆灌孩子內在善的種子。當我們知道如何轉化自己和社會時，孩子也會跟著改變。

憂鬱

擁抱苦，似乎與我們想做的相違背，特別是如果這份苦非常巨大，如同憂鬱症一般。憂鬱症在我們這個時代很普遍，足以奪走我們的平靜、快樂、穩定，甚至奪走進食、移動或完成簡單任務的能力。憂鬱似乎難以克服，我們幾乎以為，唯一能做的只有逃避，不然就是屈服。然而，不帶批判地認識並擁抱這份巨大的苦，苦自然會平緩；接著你就有機會深入審視，找出這份苦降臨在你身上的原因。苦一直試圖引起你的注意，想告訴你一些事，現在你可以藉著這個機會傾聽。你可以請某人，像是老師、朋友、心理治療

師，陪你一起審視。無論是獨自一人還是跟朋友一起，你都可以探索苦的根源，看看你用什麼養分、消費和攝取的習慣來餵養你的憂愁。你會找到方法，將苦的堆肥轉化為理解、慈悲和喜悅的花朵。

穿越風雨

當你不知道如何處理內心的苦,也不明白如何幫助處理周遭的苦,你可能不想再留在這個世界,以為這樣能讓自己好過一些。自殺是一種絕望的行為,並不明智。你以為死後自己就不存在了,但不是這樣的。你會以許多方式延續下去,苦也會持續下去──不只是你,關心你的人也會受苦。如果你失去希望,他們也會失去希望。如果這種傾向存在家庭中,這就是修習的另一個理由。若是周遭有好的環境、好的僧團、好的朋友,我們會有更多機會接觸到能幫助我們的智慧和修行。不要因為面子,假裝一切都好。坐在

我們當中，表明：「親愛的同修，這是我的苦、我的悲傷、我的絕望。請幫助我認識並擁抱它們。我需要僧團的集體力量。」如果你能終止你的慣性思維和處事模式，那不只是為了自己而轉化，更是為了整個家族傳承。有了愛和慈悲的力量，你就不會做出讓人痛苦的事。練習呼吸、行走，覺知內在的這種慣性模式，說：「你好，我的習氣。我不能再讓你留在那裡。你與我為友已經很久了，我會幫助你。」擁抱它，與它合作，轉化它。我們不用掙扎，只要承認它，微笑以對。瞭解到生與死相即，這份洞察非常重要。

連根拔起

生活在我們的社會並不容易，一不小心，我們會被連根拔起，也就無法幫助社會，讓它變得更安居樂業。禪修是幫助我們安住於社會的方式，這非常重要。很多年輕人開始學佛是因為心理的關係，他們希望透過禪修來解決心理問題。在這個社會生活了一段時間，我瞭解到很多事情都讓我想要出離，回歸自身。但我的修習幫助我留在社會裡。我知道若是離開了社會，就無法改變社會。我們要腳踏實地，安住於社會中。這是我們祈願和平的方式。

療癒童年的受虐經驗

如果你在童年時受到虐待，你不希望他人受到同樣的苦。藉由強烈的願心去幫助他人，並且抱持修習的決心付諸行動，化身為菩薩與和平使者，你會立刻開始得到療癒。你將自己的痛苦轉化為能幫助自己、朋友和社會的洞察。練習深觀，看到父母沒有機會遇到明智的教誨或益友；要是能生活在更好的環境，他們的行為可能就不一樣了。這對每個人來說，都是如此。

對於遭受性虐待的人來說，有一種教導會對你有幫助：淤泥和蓮花相即。我們接受兩者，那麼淤泥也有可能轉化為蓮花。生滅、

存亡、垢淨等觀念，都只是我們的心創造出來的。關於垢或淨的教法和修習，都不能幫助我們超越清淨或污垢的觀念。萬事萬物皆無常，一切隨時在變。你不必永遠承受這樣的苦。你發下成為菩薩的偉大宏願，懷著這樣的大願，就可以透過教育等方式，協助保護兒童、年輕人和伴侶，不受性虐待和不當性行為的侵害。當你的願力夠強，馬上會得到療癒。

從困境中解脫

當我們覺得自己受到某人加害，會感到痛苦，在生活中變得消極。但是我們可以反過來採取積極的行動，將那狀況掌握在自己手中。一旦自憐自傷，認定自己是受害者，就很難完全活在當下，繼續前進，做自己想做的事。我們自以為是受害者，對方其實也是他自己的苦和無明的受害者。有了正念覺知，我們就能獲得無我、無分別的智慧。這種洞察能保護我們。只要擁有這種力量和智慧，就不會再受苦，也不會讓其他人受苦。

住在一起

當我們和另一個人生活在一起，為了守護彼此的幸福，應該幫助彼此轉化兩人在心中造成的糾結。透過修習愛語和諦聽，互相理解，就能幫助彼此。幸福不是個人的事。如果對方不快樂，自己也不會快樂。

如果我們是平和的，如果我們快樂，就能像花朵般綻放；家裡的每個人、整個社會都會從我們的平靜中受益。

不行動

愛與恨是有機的。我們可以一下就氣起所愛的人，也可以去愛一個曾經恨過的人。當我們生氣時，可以透過深呼吸幫自己創造空間，避免說出或做出日後可能後悔的事情。我們會認識到，這種憤怒的感受只是暫時的反應。跟隨吸氣、呼氣，避免用想法來餵養憤怒，我們的情緒就會平緩下來，逐漸消散。有人用言語挑釁的時候，如果能夠微笑並回到自己的呼吸，這就是活生生的示範，其他人也能接觸到這樣的教導。有時透過不行動，我們給予的協助可能多過許多的行動。保持冷靜，可以扭轉現狀。

愛語和諦聽

每個人都有痛苦、憤怒、沮喪,我們需要找
到願意傾聽且能夠理解我們的苦的人。開口
之前,我們必須瞭解自己所說的內容,以及
這些話要說給誰聽。帶著這樣的理解,說出
的話語就不會讓對方受苦。指責和爭論都是
暴力的形式。如果我們受了很大的苦,說出
的話可能很苦澀,這對誰都沒有幫助。我們
要學會讓自己冷靜,說話前先成為一朵花。
這是愛語的藝術。傾聽也是一種深刻的修
習。我們用理解他人痛苦的方式傾聽。清空
自己、給予對方空間,才能好好地傾聽。吸
氣和呼氣,讓自己神清氣爽,就能安靜坐

著，聆聽受苦之人的傾訴。當他們遭受苦，需要有人細心聆聽，而不是評判或做出回應。如果他們在家裡找不到人傾聽，可能會去找心理治療師。只要深入傾聽，已經能減輕他們極大的痛苦。這是和平的重要練習。在家庭裡、社群中，我們必須傾聽。我們要傾聽每個人的意見，尤其是被我們視為敵人的對象。當我們表現出傾聽和理解的能力，對方也會聆聽我們，這時就有機會傾訴我們內心的苦。

百年之後

當你對所愛的人生氣時，閉上眼睛正念呼吸，把思緒帶到遙遠的未來。你的身體，以及你氣的那個人的身體，都會化為塵埃。當我們看到自己的生命如此短暫，就不會再想浪費時間，生對方的氣。

捨

捨是真愛的要素。有些人以為，捨代表漠然。但捨並不是冷漠或全不關心。捨，代表你的愛沒有分別心，你的愛擴及每個人。這就是看到全局，不偏袒任何一方。當你因為眾生需要你的愛而去愛，而非因為這人屬於你的家庭、國家或你的宗教信仰，那麼你就是無分別地去愛，並實踐真正的愛。

正念課堂，正念社會

許多人承受著巨大的苦，卻不知道如何處理。這往往從很小的時候就開始了。如果學生承受很大的苦，通常很難集中精神念書。學校應該是讓孩子學習快樂、愛和理解的場所，而老師以自己的洞見和快樂滋養學生。但幾乎沒有學校課程教導年輕人如何生活——如何處理憤怒、調和衝突，如何呼吸、微笑並轉化困難的情緒。我們可以把課堂變成家庭，讓老師和學生之間建立良好的關係。對於來自問題家庭的孩子，這樣的老師和教室能給予他們第二次機會。我們必須共同創造集體覺醒所需的公共機構。

做你自己

做美麗的自己，意味著做真正的自己。你不需要被別人接受；你要接受自己。當你生來是一朵蓮花，就要當一朵美麗的蓮花，不要試圖變成木蘭花。如果你渴望被接受、被認可，並試圖改變自己、符合別人想要你成為的樣子，那麼你一輩子都會受苦。真正的幸福和力量，在於瞭解自己、接納自己、對自己有信心。

希望的兩個面向

希望很重要。有了希望,當下此刻便沒那麼難以承受。如果我們相信明天會更好,今天就能承受苦難。但希望能帶給我們的,也只有這麼多了。只要深入思考希望的本質,就會看到這個不幸的現象:我們執著於冀望未來,並沒有把心思與能力聚焦在當下。我們透過希望,相信未來有好事發生,這樣和平就會實現。結果希望成了一道障礙。如果你能避免寄託於希望,即可把自己完全帶回當下,發現現有的幸福快樂。

我並不是說你不該抱持希望,但光是有希望還不夠。如果沉浸在希望的能量中,無法

全然地回到當下。若能重新引導心力去意識當下發生的事，就能夠突破並發現幸福與平靜。鼓舞人心的和平運動領袖Ａ·Ｊ·穆斯特（A. J. Muste）說：「沒有通往和平的路，和平就是道路。」我們可以透過眼神、微笑、言語和行動，在當下實現和平。和平工作，意味著我們踏出的每一步都應該是平安、喜樂和幸福。我們可以微笑並放鬆。我們想要的一切就在此時此刻。

不論人在何處，保持呼吸與微笑

感官是我們通往世界的窗戶，有時風會吹進窗子，擾亂裡頭的一切。有些人的窗子始終開著，讓世界的景象和聲音侵入並滲透。

需要放慢腳步，回到自己身上的時候，無須找到什麼特別的處所。不論人在何處，回到自身，練習覺知呼吸。不論是坐在辦公室或車子裡，站在熙來攘往的市場，還是在銀行排隊等待，如果你開始感到疲憊，需要回到自己身上，可以練習正念呼吸和微笑。

修習的社群

如果你拿一顆石頭丟進河裡，不管這石頭多小，都會沉到河底。但若有一艘船，就可以載著許多石頭浮在河面。要是你只有孤單一人，可能會沉入受苦的河流，但若有一個修習的社群擁抱你的痛苦和悲傷，你就能浮起來。許多人都受益於僧團強大的集體能量。

想像你是一滴水，正在流向海洋。單獨一滴水，可能半路就蒸發了。如果你讓自己融入僧團，接受僧團帶著自己，如河流般前進，最終一定會抵達海洋。在僧團裡，我們就像河裡的一滴水。我們的痛苦、悲傷和苦難都會得到認同和擁抱。

建立有愛的社群

一九六六年，我在芝加哥第一次見到馬丁·路德·金恩牧師。我可以感受到，自己面對的是一位聖人。我們那時還年輕，都屬於和解團契，致力協助互相衝突的群體找到和平解決的方案。我們一起喝茶，然後出席記者會。這是金恩博士第一次公開反對越戰。我們攜手為越南的和平而努力，為美國的黑人民權而奮鬥。我們一致認為，人真正的敵人不是人，而是內心的憤怒、仇恨和歧視。一九六七年，我們在日內瓦世界基督教協進會組織的和平於世（Pacem in Terris）會議上，再次相聚。在那裡，我們繼續討論

和平、自由和社群。我們都同意，少了社群，就無法走得更遠。若無幸福、和諧的社群，我們的夢想難以實現。我告訴他：「馬丁，在越南，大家叫你菩薩，是一位試圖喚醒眾生的開悟者。」幸好我有機會告訴他，因為過沒幾個月他便遇害了。聽到這個消息時，我人在紐約，非常傷心，飯吃不下，覺也睡不著。我發願要繼續建立這個有愛的社群，不光是為了我自己，也為了他。我已經實現自己的承諾，也一直感受到金恩博士的支持。

修習的集體能量

當我們一起修習，便會產生正念與和平的集體力量，有助於療癒並滋養我們自己，以及我們的孩子。共修能孕育出充沛的集體能量，以正念、慈悲、靜慮、洞察和喜悅來幫助世界改變。我們不需要更多的金錢、名聲或財富，才能擁有幸福快樂。光是產生這些力量，就可以為自己創造自由和幸福，並造福周圍的許多人。我們有機會聚在一起，從一處步行到另一處，何不享受這當中的每一步呢？我們為此而來，讓每一步帶給自己喜悅、幸福和自由。

空

空性、無相、無願是打開實相之門的鑰匙，也是幫助我們從不正的知見中解脫的三種基本思考面向。這樣我們才能活得更深入，全然面對臨終和死亡，無需感到恐懼、憤怒或絕望。要說某物為空，不代表它不存在。空並非什麼都沒有，而是這件事物涵容所有，沒有一個獨立的自我。「存在」（to be）這個動詞可能會產生誤導，因為我們不是光靠自己就能存在。「存在」始終是「相互依存」（to inter-be）。一朵花就涵容了宇宙的一切。這就是空：沒有所謂獨立的存在。我們彼此依存，也與萬物相互依存。

無相

見到一朵花，就只看到花，沒看到花蘊藏了
陽光、雲朵、地球、時間與空間，就是被
「花」這個標籤給限制住。當你接觸到花的
相即本質，才真正看到花。如果你看到某
人，卻沒看到背後的社會、教育、祖先、文
化、環境，你就沒有真正看到那人，反倒只
接收到那個人的表象、他的外在形象、一個
分割獨立的自我。當你可以深入地看著這個
人，就觸及整個宇宙，不再被表象所愚弄。

無願

當我們在眼前設定一個目標，就可能一生奔走，永遠得不到幸福。只有當你停止奔波，珍惜當下此刻，珍視你的本質，幸福才有可能發生。你不需要成為什麼樣的人；你已經是個生命奇蹟。在西方，我們常常以目標為導向而忘了享受過程。無願的意思是，眼前沒有擺著一件事物讓自己去追求，因為一切都已具足，就存在你之內。我們修習行禪的時候，不必試圖抵達任何地點，只要邁出平和、愉快的步伐。如果我們一直想著未來，就會亂了腳步。坐禪也是如此。坐禪只是為了享受坐著這件事，而不是為了達到什麼目

的。每個禪坐的瞬間，都將我們重新帶回生命之流。我們坐著，純然是享受做這件事的整個過程。不論是吃橘子、喝一杯茶或行禪，都要以「無願」的方式進行。

慈悲的社會

在一個科技是成功關鍵的文明中,沒有太多
慈悲的空間。但是當我們深入觀察生命,就
會對螞蟻和毛毛蟲感同身受。社會要改變,
必須徹底轉變意識。我們要深刻體認到實相
互即的本質,放下將現實分割成碎片的慣性
思考模式。持續對互為緣起做禪修,過一陣
子,你會注意到自己的變化:視野將會打
開,你發現自己以慈悲心看待眾生。你以為
無法動搖的恩怨情仇也一點一點瓦解,而且
你會發現自己開始關心一切的眾生。最重要
的是,你不再懼怕生死。

無畏

佛學經典談到三種布施：財施、法施（分享靈性教誨）、無畏施。無畏是我們能提供給他人最偉大的布施，再也沒有比這更珍貴的了。但我們若非本自具足，是無法送出這份布施的。如果我們修行，觸及究竟實相，也可以油然生出菩薩般無懼的微笑。跟菩薩一樣，不需要逃避煩惱，也不用去到任何地方尋求開悟。我們看到煩惱和開悟是一體的兩面。當我們生出妄心，眼中只看見煩惱。但若能擁有一顆真心，煩惱便煙消雲散，自然有所體悟。我們不再害怕生與死，因為我們接觸了相即的本質。菩薩就是從恐懼中解

脫，才能幫助許多人。

當我們理解
煩惱無非開悟，
我們就能安詳駕馭
生與死的波浪。
乘著慈悲之船，
航行於妄念之海，
帶著無畏的微笑。

如一朵雲

如果你心愛的人還在世，而且陪在你身邊，請記住他們就如一朵雲。你也一樣，就像一朵雲。你並非只局限在這副身軀裡，因為你每天會生出身、語、意的行動，這些都在你之外延續。即使雲朵依舊飄在天上，我們也可以看到雲的延續——化為雨滴、雪花或冰雹。我們需要禪觀，才能看到自己不僅存在於身體之內，也存在於身體之外。我可以看到自己存在於我的朋友、學生、工作，以及許多事物當中。如果你想認出我，別往這個方向看；這副身軀只是我的一小部分。

我一直都在。
但你得非常細心，才能看到我。
我會成為一朵花、一片葉或一朵雲，
以這些形態為你捎去祝福。
只需好好留意，你就能認出我，
對我微笑。
而我會非常幸福。

延續

要療癒我們的身心，就必須同時療癒地球。
這種體悟對集體的覺醒十分重要。保持正
念，就是覺醒的行動。我們需要醒悟到，地
球正面臨危機，所有的生物都面臨了危機。
對地球的狀態保持正念和深刻的覺察，同樣
有助於處理痛苦、負面的感受與情緒。

苦與樂是相即的，所以不用害怕受苦。我
們知道如何應對苦，如何轉苦為樂。我們談
到受苦能帶來益處，這是我們能全心接受這
個世界的原因。不需要去到任何地方，這裡
就是我們的家。我們想要一再展現，善行可
以讓這個家更加美好。

微笑的練習

開啟新的一天

醒來我微笑，
全新的一天。
願覺醒生活，
慈眼視眾生。

　　每天早上醒來時，我們就有了二十四個全新的小時可以生活。這是多麼珍貴的禮物！我們可以帶給自己與他人平靜、喜樂和幸福，用這種方式度過這些時光。我們不論微笑、呼吸、行走和吃飯，都能用一種體驗豐盛幸福的方式來進行。還有什麼方式，比微笑更適合展開新的一天呢？微笑確立了我們想要和平並幸福地生活的覺知與決心。真

心微笑的泉源，是覺醒的心。提醒自己在醒來時微笑，你可以在窗子或睡床上方的天花板掛個小東西，例如樹枝、樹葉、一幅畫，或幾句鼓舞人心的話語，那麼你睡醒時就會看到這個提醒。微笑可以幫助你用溫柔和理解迎接新的一天。

行禪

在日常生活中，有許多事情待辦，時間卻很有限。你可能感覺到必須奔走的壓力。停下來，深深觸碰當下此刻的地面，就能感受到真正的平靜與喜悅。行禪是回歸自我的好方法。我們充滿優雅和尊嚴地行走。每一步都充滿生命。

走路時，保持自然的呼吸，注意每個呼吸間走了多少步。或許你會注意到呼氣比吸氣的時間長；也許你吸氣走三步，呼氣走四步。當你在上坡或下坡時，每次呼吸的步數也會改變。請一直跟隨自己的肺活量呼吸。

獨自一人時，你或許喜歡練習緩步行走，

吸氣時走一步，呼氣時再踏一步。將注意力集中在腳底，每一步都全然到達。在公園或住家附近散步時，可以採用一種別人不會注意到的方式行禪。如果路上碰到誰，就保持微笑，繼續前行。

在地球上行走，可以像是走在任何神聖的空間裡，帶著同樣的敬重與敬畏。這樣的步行可以拯救我們的生命，將我們從疏離的日常狀態中解放出來，幫助我們與自己、與地球重新連結。帶著微笑，會為你的步伐與呼吸帶來平靜和愉悅，而且有助於維持專注。

當下此刻，美妙時刻

我們的呼吸是身與心的連結。有時心想著某件事，身體卻在做另一件事，身心沒有合一。藉著專注於呼吸，我們可以重新整合身心，再次變得完整。

呼吸是我不願錯過的喜悅。每一天，我都會練習覺知呼吸。我用毛筆寫下「呼吸，你活著」這句話，掛在禪室的牆上。光是呼吸和微笑，就可以讓我們非常幸福快樂，因為帶著覺知呼吸，我們完全回到自己身上，在當下此刻遇見生命。

在忙碌的社會中，不時練習覺知呼吸，是非常幸運的事。我們可以在一天當中，隨時

隨地練習。呼吸時默念下面這四句話，會對
你很有幫助：

吸氣，我讓身體平靜。
呼氣，我微笑。
安住當下此刻，
我知道這是美妙的時刻！

「吸氣，我讓身體平靜。」默念這句話，
宛如大熱天裡喝了一杯涼水──你會感受涼
意滲透進體內。當我吸氣時默念這句話，我
的確感受到呼吸平靜了我的身心。

「呼氣，我微笑。」你知道臉部有數百條

肌肉會因微笑而放鬆。微笑象徵你成為自己的主人。

「安住於當下此刻。」當我坐在這裡，我什麼也不想。我知道自己身在何處。

「我知道這是美妙的時刻。」安穩自在地坐著，回到自己的呼吸、微笑與真實的本質，這是一種喜悅。我們與生命有約，就在當下此刻。如果現在少了平安喜樂，那何時才能享有平安喜樂呢？阻礙我們幸福的是什麼？我們隨著呼吸，可以默念：

平靜。
微笑。
當下此刻。
美妙時刻。

深度放鬆

深度放鬆的練習，是認知、撫平、療癒身心之苦的方式。身和心並非分割的個體。我們把苦藏在身體裡。身體輕鬆自在的時候，心也會達到平靜的狀態。你可以引導自己或他人進入深度的放鬆練習。完整的放鬆練習可能要三十分鐘，但在一天中的休息時刻，進行五到十分鐘的深度放鬆，足以釋放身心。每天進行深度放鬆很重要。

仰臥在床上（或坐在椅子上），閉上眼睛，手臂輕鬆放在身側。吸氣和呼氣，感覺自己沉向地板，放下所有的緊繃、憂慮，不要緊抓著任何東西。吸氣和呼氣時，注意腹

部的起伏。

現在開始觀察並釋放體內的緊繃。我們逐漸覺察到身體的每個部分，從頭部到腳趾，把愛與放鬆帶到每個部位。例如，「吸氣時，我覺察到眼睛。呼氣，我帶著愛與感謝，對眼睛微笑。」繼續吸氣和呼氣，同時花時間關愛雙眼。「吸氣，我覺察到肩膀。呼氣，我讓緊繃的感受流向地板。」「吸氣，我覺察到我的心。呼氣，我帶著愛對心微笑。我的心對我的幸福至關重要。心臟不停地工作，滋養身體的所有細胞。我感恩我的心，但我卻傷害了它。我不夠善待我的

心。」這種洞察力可以轉化並療癒。用這種方式將覺知帶到所有的器官，還有身體的所有部位。

如果有個地方不舒服或感到疼痛，請送出你的愛，對這個部位微笑，讓它休息。請注意，身體還有其他的部位，依然強壯、健康，這有助於支持並療癒較弱的部位。

完成身體掃描後，繼續吸氣和呼氣，享受全身放鬆、平靜的感受。對整副身軀微笑，將你的愛與慈悲送到全身。

最後，慢慢伸展，睜開眼睛。慢慢坐起身，然後輕柔、緩慢地站起來。

【跟一行禪師過日常】系列

《怎麼坐》（*How to Sit*）

《怎麼吃》（*How to Eat*）

《怎麼愛》（*How to Love*）

《怎麼走》（*How to Walk*）

《怎麼鬆》（*How to Ralax*）

《怎麼吵》（*How to Fight*）

《怎麼看》（*How to See*）

《怎麼連結》（*How to Connect*）

《怎麼專注》（*How to Focus*）

相關書籍

《正念生活的藝術》（*The Art of Living*）

《我真正的家，就在當下》（*At Home in the World*）

《自在》（*Be Free Where You Are*）

《幸福》（*Happiness*）

《佛陀之心》（*The Heart of the Buddha's Teaching*）

《當摯愛逝去：療癒悲痛與失去的禪修練習》（*How to Live When a Loved One Dies*）

《給地球的情書》（*Love Letter to the Earth*）

《轉化痛苦的藝術》（*No Mud, No Lotus*）

《橘子禪：呼吸，微笑，步步安樂行》（*Peace Is Every Step*）

《當下一刻，美妙時刻》（*Present Moment, Wonderful Moment*）

《和好：療癒你的內在小孩》（*Reconciliation*）

《觀照的奇蹟》（*The Sun My Heart*）

《禪與拯救地球的藝術》（*Zen and the Art of Saving the Planet*）

國家圖書館出版品預行編目資料

跟一行禪師過日常：怎麼微笑 / 一行禪師（Thich Nhat Hanh）
著；張怡沁譯. -- 初版. -- 臺北市：大塊文化出版股份有限公
司, 2024.04

128面；12×18公分. --（smile；197）（跟一行禪師過日常）

譯自：How to smile

ISBN 978-626-7388-67-9（平裝）

1. CST：佛教修持　2. CST：生活指導

225.87　　　　　　　　　　　　　　　　　113002093